D1665725

Der kleine ABC-SCHÜTZE

Ein heiteres Lese- und Rechenbuch

VERLAG CARL UEBERREUTER · WIEN-HEIDELBERG

© 1952 BY CARL UEBERREUTER
DRUCK UND VERLAG (M. SALZER), WIEN

ISBN 3 8000 1402 5

K 29

HERGESTELLT BEI CARL UEBERREUTER
DRUCK UND VERLAG, WIEN UND
GROSSBUCHBINDEREI THOMAS F. SALZER KG, WIEN
PRINTED IN AUSTRIA

DER „KLEINE" RECHENKÜNSTLER

EINS 1

DIES HÜNDCHEN IST MEIN'S,
ICH HABE NUR.....

ZWEI

2

HAMPELMÄNNER, SO FROH UND SO FREI,
SIE ZAPPELN UND LACHEN ALLE.....

DREI 3

ERIKA, SUSI UND ROSEMAREI,
TANZEN SO LUSTIG UND SIND IHRER.....

VIER 4

FRANZ, HANS UND PETER FISCHEN HIER,
BEI IHNEN SITZT LOTTCHEN,
ZUSAMMEN SIND'S......

 FÜNF 5

WIR WASCHEN UND TROCKNEN
DIE KLEIDER UND STRÜMPF
FLINK GEHT DIE ARBEIT,
DENN WIR SIND UNSER.....

SECHS 6

WIR FAHREN SPAZIEREN,
    DEN WAGEN ZIEHT REX;
ZÄHL UNS ZUSAMMEN,
    WIR SIND UNSER.....

ICH HABE DIE GÄNSLEIN
ZUM TEICHE GETRIEBEN,
FRÖHLICH SCHWIMMEN NUN ALLE.....

ACHT

DIE LÄMMLEIN WEIDEN,
    VOM SCHÄFER BEWACHT;
KANNST DU SIE ZÄHLEN, ES SIND IHRER.....

NEUN 9

SCHAU, WIE DIE VÖGLEIN
AUFS FUTTER SICH FREUN,
SIE SIND JA SO HUNGRIG,
ES SIND IHRER.....

ZEHN 10

SIEHST DU
DEN STOLZEN GOCKELHAHN GEHN?
ER ZÄHLT SEINE HENNEN, ES SIND IHRER.....

Gully wird Osterhase

VOR JAHREN KAM NACH EINEM WINTER MIT VIEL SCHNEE ENDLICH DER FRÜHLING. NOCH HATTEN DIE STRÄUCHE KEIN BLATT. DER WIND BLIES FROSTIG. IN DEM GARTEN EINES HAUSES SASSEN ALLEIN EIN KLEINER HASE UND EINE SCHNEEWEISSE HENNE. „ICH FREUE MICH AUF DEN FRÜHLING", SAGTE GULLY, DER HASE. „WIE SCHRECKLICH WAR DOCH DER WINTER", MEINTE DIE HENNE. „WENN DIE KINDER UNS NICHT GEFÜTTERT HÄTTEN, WÄREN WIR GEWISS VERHUNGERT UND IN DER KÄLTE AN SCHWÄCHE GESTORBEN!" GULLY SCHLUG IHR DAHER VOR: „UM DEN FRÜHLING ZU BEGRÜSSEN, SOLLTEN WIR EIN FEST FEIERN UND ALLEN KINDERN

ETWAS SCHENKEN."
DIE HENNE NICKTE
ZUSTIMMEND.
„WENN ICH NUR
WÜSSTE, WAS WIR
DEN KLEINEN
GEBEN KÖNNTEN!
BLUMEN PFLÜCKEN
SIE SELBER UND
FRÜCHTE GIBT ES
NOCH NICHT!"
„ICH WEISS ETWAS",

GACKERTE DIE HENNE, „ICH HABE SOLCHE
LUST EIER ZU LEGEN, DIE GEBE ICH DIR. DU
MUSST DIR ABER ETWAS NETTES ZURECHT=
DENKEN!" „HM", ÜBERLEGTE GULLY, „HAST
DU WOHL GENUG EIER?" „JA! ALLE MEINE
SCHWESTERN WERDEN EIER DAZUTUN!"
MEINTE DIE HENNE. „DIE EIER MÜSSEN IN
KLEINE NESTER GELEGT WERDEN. NACHTS
VERSTECKEN WIR SIE UND IN DER FRÜH
MÜSSEN SIE DIE KINDER SUCHEN." „JA!
HERRLICH!" UND GULLY LIEF SOFORT IN
DEN WALD. ER BERICHTETE DIESES ALLEN

HASEN UND BAT SIE, GLEICH IN DEN GARTEN
ZU KOMMEN. DORT WAREN INDESSEN AUCH
ALLE HÜHNER EINGETROFFEN. DAS WURDE
EINE BUNTE VERSAMMLUNG! DIE HÜHNER
VERGASSEN ZEITLICH SCHLAFEN ZU GEHEN.
SO TRAF SIE DER SANDMANN NOCH AN UND
ERFUHR, WAS DIE TIERE VORHATTEN.
„PRÄCHTIG", RIEF ER, „DA HELFE ICH MIT UND
WERDE DEN KINDERN IM TRAUM SAGEN,
DASS ES BALD EINE ÜBERRASCHUNG FÜR SIE
GEBEN WIRD. HABT IHR SCHON AUSGEDACHT,
WANN DIESES FEST GEFEIERT WERDEN

SOLL? ICH SCHLAGE
VOR, ZU OSTERN!"
DIE VERSAMMLUNG
STIMMTE FREUDIG
ZU UND SOGLEICH
WURDEN ALLE
ARBEITEN VER=
TEILT. GULLY LIEF
IN DIE STADT, UM
NOCH ANDERE
GESCHENKE FÜR
ALLE KINDER ZU

BESORGEN, WIE
SÜSSIGKEITEN,
BÜCHER UND AUCH
SPIELZEUG. AUF DEM
HEIMWEG TRAF ER
EINEN MALER, DEN
ER BAT, IHM ZUM
BEMALEN SEINER
EIER FARBEN ZU
GEBEN. ROT, BLAU,
GRÜN, GELB UND
VIELE ANDERE.

IN DEN NÄCHSTEN TAGEN WAR VIEL ZU TUN.
ALLE EIER WURDEN ZUSAMMENGETRAGEN
UND GULLY BEMALTE SIE. SPIELZEUG, EIN
BUCH UND SCHLECKEREIEN LEGTE MAN IN
DIE KÖRBCHEN DAZU. AM ABEND KAM DER
SANDMANN WIEDER UND ERZÄHLTE, DASS
SICH DIE KINDER SCHON SEHR AUF DAS NEUE
OSTERFEST FREUEN. BALD WUSSTEN AUCH
ALLE BLUMEN DAVON UND SIE BEEILTEN
SICH MIT DEM WACHSEN, UM BEI DEM FEST
MIT DABEI ZU SEIN. DIE VÖGEL ÜBTEN DIE
SCHÖNSTEN LIEDER. DIE SONNE LACHTE DEN

GANZEN TAG. DIE NACHT VOR DEM OSTER=
SONNTAG LEUCHTETE DER VOLLMOND GANZ
PRÄCHTIG. DIE HASEN ZOGEN MIT IHREN
GABEN ÜBERALLHIN, WO ES BRAVE KLEINE
KINDER GAB. DIE ELTERN DER KINDER
HATTEN EINE TÜRE ODER EIN FENSTERLEIN
OFFEN GELASSEN, SO KONNTEN DIE HASEN
IN JEDES HAUS SCHLÜPFEN. WO ES ABER
EINEN GARTEN GAB, LEGTEN SIE IHRE
GESCHENKE UNTER DIE HECKEN.
ALS DIE OSTERGLOCKEN LÄUTETEN, LIEFEN
DIE KINDER UMHER, UM DIE OSTEREIER ZU

SUCHEN. GULLY
UND ALLE SEINE
GESCHWISTER
SCHAUTEN AUS
DER FERNE DEM
JUBEL DER VIELEN
KINDER ZU. DIE
FREUDE WAR BEI
ALLEN HASEN
GROSS, DASS IHR
NEUES OSTERFEST
SO GUT GELANG.

Die alte Lokomotive

Draußen auf einem Nebengleis stand
eine alte, ausgediente Lokomotive. Ganz
still war es in dem Schuppen, um den
schon unzählige Brennessel wuchsen.
Wie strengte sich die Lokomotive an,
wenn sie von irgendwoher ein lautes
Klirren der Puffer hörte. Sehnsüchtig
spähte sie dann durchs Schuppentor
und sah neiderfüllt zu, wie eine neue
Maschine ihre Arbeit verrichtete. „Wie
sehne ich mich nach der früheren Zeit!"

sprach sie zu sich selbst. „Wie schön schnaubt doch die andere Lokomotive den weißen Dampf und schwenkt die Stahlarme hin und her." „Komm mit, wir fahren zu zweit, bin dazu bereit!" lockte im Vorüberfahren die jüngere Gefährtin. Aber die Alte blickte nur stumm aus trüben Augen. Wehmütig lauschte sie nach dem tatenfreudigen Pfeifen der flinken Schwester, die auf anderen Gleisen lange Waggonreihen in die Ferne zog. Damit war es für die alte Lokomotive endgültig vorbei Wie hätte sie mit dem arg verrosteten Dampfkessel und den verbogenen Rädern sich auch fortbewegen können?

Unterm Bauch der Alten hatte sich eine ganze Hasenfamilie eingenistet.
Im Rauchfang klebte ein Vogel= nest. Die Vögel flogen ein und aus. Auch eine Katze kam zu Besuch. Gerne hörte sie den Reiseberichten zu, welche ihr die alte Lokomotive ausführlich erzählte. Die Feldmäuse hatte sie doch noch lieber.

„Kannst du denn gar nicht mehr fahren?" fragte eines Tages die Hasen- mutter. „Ich selbst habe dich noch in vergangenen Jahren draußen auf Reisen gesehen. Fahr doch wieder! Meine Kinder würden sich so sehr freuen." „Versuch's!" zwitscherten die

Vöglein. Die alte Lokomotive blickte sehnsüchtig dem Gleis entlang. Da bemerkte sie plötzlich, daß der Weg ein wenig abschüssig sei. Heftig fing nun ihr stählernes Herz zu pochen an In den Gelenken zerrte es, und unsere Lokomotive pustete sogar. Fast wäre das Vogelnest im Rauchfang davon= geflogen. Die altersschwachen Räder begannen ganz langsam vorwärts zu rutschen. „Es geht, es geht," seufzte die Alte froh. „Hasen, macht den Weg frei!" Da sprangen die Hasen vor und fraßen das ganze Gras, das zwischen dem Gleis wucherte. Die Katze setzte sich vorne auf die Lokomotive

und ihre Augen glühten wie zwei gelbe Lichter. Die Vögel flogen wie schwirrende Funken aus dem Rauchfang. Die Lokomotive rollte. „Hilf, hilf!" zog sie die alte Bremse an, doch es nützte nichts,

und sie fuhr zum Schuppentor hin= aus. Immer schneller ging es. Lustig zogen die Hasenkinder am Strick der kleinen Glocke. Bimmel, bimmel, erklang laut und fröhlich ihr Ton. „Schaut, die alte Lokomotive!" riefen die Leute, denen sie begegnete. Auch der Streckenwärter kam aus seinem Haus und schwenkte das Fähnchen. Er schrie und rannte hinterdrein. Waff, waff, bellten die Hunde. Aber das

galt wohl am meisten der Katze vorne auf dem Puffer! Die Lokomotive fuhr geradewegs auf einen Weiher zu, nachdem sie aus dem Gleise gesprungen war. Katze, Häslein und die Spatzen hüpften und flogen schnell davon. Da plumpste die alte Lokomotive ins Wasser. Schließlich landete sie tief auf dem Grund des Weihers zwischen all den schaukelnden Blättern und eilenden Fischen. Dort fühlte sie sich sehr wohl. Es war nämlich immer ihr Wunsch gewesen, stets Leben und viel Bewegung um sich zu haben.

Die entsprungene Hexe

Christoph war ein unordentlicher Bub. Eines Tages ließ der Kleine sogar ein Märchenbuch offen auf dem Fenster= brett liegen. In diesem Buche waren sehr viele schöne Bilder. Die gerade aufgeschlagene Buchseite zeigte eine

Hexe, die mit ihrer krummen Nase, den rot=funkelnden Augen und dem dicken Knoten=stock fürchterlich aussah. Es war die „Buch-Hexe". Der Sommerwind blies durch die Buchseiten. Die Mittagssonne schien sehr heiß.

„Hach", sagte sie, „da drüben sehe ich einen Wald ! Wie gerne flöge ich ein bißchen in die frische Luft. Immer nur eingesperrt sein zwischen Feen und Prinzen ist nichts für mich." Und weil sie eben eine Hexe war – eins, zwei, drei –, zauberte sie und sprang aus dem Märchenbuch heraus und sauste durch

die Luft nach
dem Wald hin=
über. „Miau,
Hexenfrau,
ich au'!" schrie
die schwarze
Katze und flog
hinter ihrer
Herrin drein.
„Heiß, heiß,
Besenreiß!"
befahl die Hexe
und rauschte
quer durch die
Baumkronen

in den friedlichen Wald. Nun war es für
alle Tiere und Blumen mit ihrer guten
Mittagsruhe vorbei. „Hei, welch feines
Pelzchen!" rief die Hexe und holte sich
drei Eichhörnchen von den Zweigen und
band sie an ihren buschigen Schwänzen
sich um den Hals zusammen.

Miau, miau, ich au'!" schrie die Katze und schnupperte nach den piepsenden Vögelchen. "Die Reh, ich seh'!" kreischte die Alte. "Zum Reiten tät ich's leiden!" und versuchte die Tiere zu fangen. "Dem Katerchen ein Braterchen!" miaute die Katze auf ihrer Vogelhatz, rutschte aber plötzlich von einem Baum ab und

fiel in einen Himbeerstrauch, der sie arg zer= kratzte und über und über mit seinem roten Saft bespritzte. Als die Hexe den Jammerschrei ihrer Katze hörte, befreite sie diese aus den Dornen. Die Rehe flohen

28

entsetzt tief
in den dunklen
Wald hinein.
Von Baum zu
Baum, von Nest
zu Nest, von
Höhle zu Höhle
hatte sich die
Kunde von der
Hexe in Windes-
eile verbreitet.
Da flüchteten
sie alle : Dachs

und Fuchs, Eichhörnchen und Marder,
Igel und Maulwurf und Eidechse, samt
allen anderen größeren Tieren, voran
die ängstlich flatternden Vögel. Es
war ein langer, aufgeregter Zug.
„Eins, zwei, drei — Hexenkrötenei!" rief
die Hexe und spornte ihren Knotenstock
zu höchster Eile an. Wie ein Sausewind
ritt sie hinterdrein, aber noch konnte

sie kein Tier
fangen.
Plötzlich kam
eine winzige
Maus den Weg
gelaufen. Ganz
zufällig hatte
sie noch nichts
vom Schrecken
der anderen
Tiere bemerkt.
Mit einem
raschen Sprung
versteckte sie
sich hinter einem Farnkraut. Als die
Hexe dorthin kam, sprang die kleine
Maus hervor und biß die Alte mutig in
den roten Strumpf. Rote Strümpfe fraß
sie nämlich für ihr Leben gern.
Als sie zubiß, merkte sie, daß die böse
Hexe garnicht aus Fleisch und Schwefel
bestand. Sie war aus bemaltem Papier.

Gleich rief sie es laut allen Tieren zu:

„Seht euch nur die Hexe an,
ist ja nichts zum Fürchten dran.
Von Papier nur inn' und auß'!
Jagt sie doch zum Wald hinaus!"

Das hörten alle Tiere sehr erstaunt
und machten
sofort kehrt.
Mit frischem
Mut begannen
sie nun die
Hexe zu jagen.
Das hatte diese
aber wirklich
nicht erwartet.
Mit größtem
Schreck sprang
da die Böse
aus dem Wald
hinaus und beim

offenen Fenster in ihr Buch zurück. Die schwarze Katze humpelte hinterdrein. Als der kleine Christoph sein Buch vom Fensterbrett holen wollte, war er sehr erstaunt. Aufgeregt rief er gleich seine Mutter herbei: „Die Hexe hat plötzlich nur mehr einen Schuh an!" Den zweiten

hatte sie nämlich auf der Flucht ver= loren. „Die Katze hat Marmelade= flecke!" rügte die Mutter. „Das kam sicher von deinen Schmutzfingern!" Diesmal hatte aber die Mutter wirklich unrecht gehabt.

Die drei Schokoladebären

Eines Tages kam Tante Hanna zu Besuch und brachte Christian, Käthe und Herbert drei schöne Schokoladebären mit. Sie waren aus bester Milchschokolade und hatten lange Nasen und dicke Beine. Natürlich wollten die Kinder sie gleich aufessen, doch die Mutter erlaubte es vor dem Mittagessen nicht.

„Wo sollen wir die Schokoladebären aufheben?" fragte Tante Hanna. „Bei diesem heißen Wetter zergehen sie leicht."

„Wir wollen sie in den Eisschrank stellen, dort bleiben sie hart und frisch", entschied Mutter.

So wanderten die drei Bären in den Kühlschrank. Dort war es kalt, eiskalt! Die armen Tiere zitterten und bebten.

„Wie kann man uns nur in so ein schreckliches Gefängnis stecken?" beklagten sich die Bären. „Man hält uns wahrscheinlich für Eisbären. Wir werden noch zu Eisklumpen erstarren."

„Ich springe sofort heraus, sobald jemand den Schrank öffnet", erklärte der größte Bär. „Ich halte es hier nicht aus!"

Er brauchte nicht lange zu warten. Die Mutter kam und holte Butter aus dem Kühlschrank. Sobald sie die Tür öffnete, sprangen alle drei Bären heraus und rannten quer durch die Küche.

„Um Himmels willen, Mäuse!" schrie die Mutter voll Schrecken. „Wie kommen denn die hierher?"

Die drei kleinen Bären kicherten, daß man sie für Mäuse hielt. Sie rannten zum Herd und setzten sich daneben nieder, um sich etwas zu erwärmen.

Flecki, der Hund, schlief in der Nähe und roch die Bären im Traum. Er erwachte und schnüffelte. Sofort stürzte er auf sie und wollte sie auffressen. Voll Angst flüchteten die Bären aus der Küche in den Garten. Sie liefen zum hinteren Tor und schlüpften unten durch. Da konnte Flecki ihnen nicht folgen. Der Hund war zu groß, um unter dem Gartentor durchzukriechen, und allein konnte er es nicht öffnen.

„Mir ist noch immer so kalt", jammerte der mittlere Bär zitternd. „Hätte ich nur beim warmen Ofen bleiben können!"

„Schaut, schaut! Dort liegt ein Haufen Federn im Graben", rief der kleine Bär. „Federn sind warm. Da wollen wir hineinkriechen."

Sie rannten zu dem Federnhaufen und kuschelten sich fest ein. Oh, war es hier schön warm! Sie fühlten sich wieder glücklich. Aber o weh! Der Federnberg war eine schlafende Henne. Sie erwachte, als sie die Schokoladebären in ihrem Gefieder spürte, blickte verstört um sich und stand plötzlich auf. Sie schüttelte die Bären ab und gackerte erschrocken. Die Henne pickte den größten Bären in den Leib und rannte laut schreiend davon.

Die armen Bären zitterten vor Angst.

„Um ein Haar sind wir einer großen Gefahr entronnen! Kommt, wir wollen uns ein anderes Plätzchen aussuchen."

Sie wanderten weiter und bald erblickten sie etwas, das wie eine große, fleischfarbene Wand aussah. Sie berührten sie – sie war warm.

„Hier wollen wir uns anlehnen!"
schlug der mittlere Bär vor.

Aber ihre Freude dauerte nicht lange.
Die Wand begann zu zittern und die Stimme eines Schweines ertönte: „Pfui, was kitzelt mich so arg?"

Es war wirklich ein Schwein, ein fettes, rosiges Schwein, das in seinem Stalle lag. Die Schokoladebären erschraken heftig.

„Fürchterlich!" kreischten sie und hasteten davon. „Jetzt wären wir bald gefressen worden."

Sie liefen aus dem Stall hinaus und kamen auf einen schmalen Weg. Die Sonne brannte heiß vom Himmel herab.

„Bleiben wir hier!" sagte der größte Bär verschlafen. „Am Himmel brennt ein Riesenfeuer, das uns erwärmen wird. Auch ist das Gras schön weich!"

Sie setzten sich nieder, um in der Sonne zu schlafen. Aber o weh! Die Sonne schien so heiß, daß die Bären langsam zergingen. Als sie erwachten, waren sie nur mehr drei Häuflein Schokoladebrei.

„Ich kann nicht aufstehen", klagte der größte Bär.

„Ich habe keine Beine mehr", jammerte der mittlere.

„Ich bin nur noch ein B-B-B-Brei!" flüsterte der kleinste.

Da kam ein grauer Esel vorüber und leckte die Schokolade auf.

„Das war ein guter Brei! Könnte ich doch bald wieder so etwas Süßes finden!" murmelte er zufrieden.

Aber nie mehr hatte er so ein Glück.

Die kleine, weiße Ente

Es war einmal eine kleine, weiße Ente mit Namen ‚Federchen'. Sie lebte auf einem Bauernhof. Dort gab es allerlei Geflügel und Haustiere: einen grauen Esel, große, weiße Schweine, zwei braune Pferde, mehrere Truthähne, viele Hühner und eine Ziege, aber gar keine Enten.

Glucki, die weiße Henne, war zwar lange auf zwölf Enteneiern gesessen und hatte gebrütet, aber nur aus einem einzigen Ei war ein flaumiges, gelbes Entlein ausgeschlüpft und das war ‚Federchen'.

Der Bauer schaute ganz traurig drein. „O weh", klagte er. „Ich hatte auf zwölf

Enten gehofft und jetzt ist nur eine aus-
gekrochen. Ich wollte einen Ententeich an-
legen, aber wegen Federchen allein steht
mir die Mühe und Arbeit nicht dafür. Sie
wird auch ohne Teich leben können.

Federchen spazierte watschelnd mit
den Hühnern auf dem Hofe umher. Diese
hielten sie für einen dummen Vogel und
wollten sich mit ihr gar nicht anfreunden.
Deshalb fühlte sich Federchen einsam.

Eines Tages spürte die kleine, weiße
Ente ein unstillbares Verlangen nach ir-
gend etwas. Zuerst glaubte sie, es wäre
Hunger, und nahm sich noch einmal Futter.
Aber das half nichts. Federchen versuchte
es mit Trinken. Doch das merkwürdige Ge-
fühl verging nicht. Die Ente wurde ernst.

„Was ist denn eigentlich mit mir los?
Ich weiß bestimmt, mir fehlt etwas, aber
was es ist, weiß ich nicht. Deshalb will ich
in die weite Welt ziehen und es suchen!"

So watschelte Federchen noch am
gleichen Morgen zum Tor des Gehöftes

hinaus und ging die Landstraße entlang.
Unterwegs traf sie Strolch, den großen
Hund vom Nachbarhof.

„Ich suche etwas, kannst du mir helfen, Strolch?"

„Was suchst du denn, Federchen?"
erkundigte sich der Schäferhund.

„Das weiß ich selber nicht", gab die
Ente zu.

„Wie kann ich da helfen? Sei doch
nicht so dumm!" knurrte Strolch.

Traurig ging das Entlein weiter. Nach
kurzer Zeit erblickte es Schnurri, die kleine, schwarze Katze, die vor dem Hause
auf einer Mauer lag und sich sonnte.

„Ich suche etwas. Könntest du mir helfen?"

„Was suchst du?" wollte Schnurri wissen.

„Ich weiß wirklich nicht", gestand Federchen.

„Und da soll ich dir helfen? Du bist aber dumm!"

Betrübt setzte die Ente ihren Weg fort und kam zum nächsten Bauernhof. Auf dem Felde sah sie zwei Schimmel und ein kleines, weißes Fohlen. Federchen wagte nicht, die großen Pferde anzusprechen und watschelte auf das Fohlen zu.

„Ich suche etwas. Könntest du mir helfen?"

„Was suchst du?" Das Fohlen neigte seinen Kopf und betrachtete die Ente.

„Ich weiß es selbst nicht", klagte Federchen.

„Da kann ich dir doch nicht helfen. Ich hätte gar nicht gedacht, daß du so dumm bist."

Verzagt ging die Ente weiter. Konnte ihr denn auf der ganzen weiten Welt niemand helfen? Wenn sie nur gewußt hätte, was sie eigentlich suchte! Aber leider

wußte sie es eben nicht.

Auf ihrer Wanderung kam Federchen in ein Gehöft, in dem Schweine, Hühner, Ziegen und Truthühner herumliefen. Alle schauten verwundert auf die Ente.

„Was willst denn du hier? Du gehörst doch gar nicht zu uns!" riefen sie.

„Ich suche etwas", sagte Federchen schüchtern. „Könntet ihr mir nicht helfen?"

„Was suchst du?" grunzten Schweine.

„Ich weiß es wirklich nicht."

„Wie können wir dir dann helfen?" schrien die Tiere. „Sei doch nicht so dumm!"

In diesem Augenblick watschelten viele große, graue Gänse in den Hof herein. Sie schnatterten laut und die kleine Ente fürchtete sich vor ihnen.

„Geh uns aus dem Weg!" schnatterten sie und Federchen watschelte, so rasch
sie nur konnte, vor ihnen einher. Aber die
Gänse folgten ihr und bald sah Federchen
gerade vor sich eine große, glitzernde
Wasserfläche. Aber sie wußte nicht, daß
das ein Teich war, denn sie hatte in ihrem
Leben noch nie einen gesehen. Sie fürch-

tete sich vor dem hellen Gewässer, aber
o weh, die schnatternden Gänse kamen
knapp hinter ihr. Was sollte die arme
Ente tun?

Sie stürzte sich mit einem Schwung
in den Teich. Plumps! Sofort begann sie
mit den Beinen zu rudern und siehe da!
Federchen schwamm! Die Ente sah sich
nach den Gänsen um und auch diese waren
im Wasser. Sie hatten Federchen gar nicht
verfolgt, sondern wollten nur ihr tägliches
Morgenbad nehmen.

Die kleine Ente strahlte plötzlich vor Glück. Sie tauchte im Wasser auf und nieder, schwamm einmal da- und einmal dorthin und freute sich wie nie zuvor.

„Nun weiß ich, was mir fehlte", schnatterte Federchen voll Vergnügen. „Ich wollte schwimmen. Wie glücklich bin ich nun! Endlich habe ich gefunden, was ich so lange suchte. Hoffentlich kann ich immer hierbleiben und brauche nicht mehr auf meinen Hof zurückzukehren."

Sechs weiße Enten schwammen auf dem Teich. Sie kamen auf Federchen zu und begrüßten sie freundlich.

„Sei willkommen in unserem Teich!" riefen sie.

„Wie lieb von euch! Darf ich mit euch schwimmen?" fragte Federchen freudig erregt.

„Gewiß!" schnatterten die sechs Enten. „Komm nur mit uns. Wir wollen dir die schönsten Stellen unseres Teiches zeigen."

Der Bauer sah am Abend mit Erstaunen, daß plötzlich sieben Enten auf dem Hof herumwatschelten und sagte zu Federchen:

„Aha, du kannst nur die kleine Ente sein, die heute auf dem Nachbarhof verlorenging. Du scheinst dich hier schon recht wohl zu fühlen. Da du auf deinem alten Hof keinen Teich hast, kannst du hier bei meinen Enten bleiben. Ich werde dich deinem Bauern abkaufen und du sollst von nun an mir gehören!"

So fand die kleine, weiße Ente eine neue Heimat, schwimmt nun täglich mit den sechs freundlichen Enten auf dem Teich und ist sehr, sehr glücklich.

Der neugierige Michel

Michel steckte überall seine Finger hinein. Er kramte im Nähkorb seiner Mutter und richtete einen Wirrwarr an. Er machte sich in Vaters Werkzeugkasten zu schaffen und warf dabei Nägel und Schrauben durcheinander. Selbst Großmutters Speiseschrank untersuchte er, verschüttete fast die Hälfte der guten Marmelade und zerbrach ein Glas mit Obst.

Großmutter ärgerte sich: „Dem Jungen gebührt eine anständige Lehre, damit er sich abgewöhnt, so neugierig zu sein. Eines Tages wird er sich in Dinge einmischen, die er nicht versteht und wird sich dabei tüchtig die Finger verbrennen."

So geschah es auch! Michel ging einmal allein in den Wald spazieren und kam nach kurzer Zeit in eine ihm völlig unbekannte Gegend. Aufgeregt lief er hin und her und wußte nicht mehr, wohin der Weg führte.

Michel gelangte zu einer merkwürdigen kleinen Hütte, die einen hohen Rauchfang hatte. Der Knabe hätte gern gewußt, wer dort wohnte. Er klopfte an die Tür. Niemand antwortete. Er drückte auf die Klinke und die Tür öffnete sich. Michel trat ein. Im gleichen Augenblick schlug die Tür mit einem gewaltigen Krach zu und der Knabe sprang schnell zurück.

„Das muß der Wind gewesen sein", dachte Michel und schaute sich um. Wie geheimnisvoll! Auf dem Herd stand ein großer Topf, in dem etwas dampfte. Ein langer, eiserner Rührlöffel steckte darin. In einer Ecke des merkwürdigen Raumes lag ein großer Papiersack, in dem es knisterte und raschelte, als ob etwas Lebendiges darin wäre. Auf dem Tisch stand ein rotes Kästchen. Ein Schlüssel steckte in dem kleinen Schloß. In einem anderen Winkel gewahrte Michel eine alte Uhr aus Großvaters Zeiten, die stehengeblieben war.

Der neugierige Junge, der überall seine Finger haben mußte, wollte natürlich die Uhr sofort in Gang bringen. Er nahm den Schlüssel, der auf einem Nagel an der Wand hing, und zog die Uhr auf. Sogleich begann sie zu ticken, und ob ihr es glaubt oder nicht, auch zu sprechen:

„Ticktack, tacktick,
Michel, du bist neugierig,
Ticktack, tacktick,
Michel, du bist neugierig."

Michel erschrak. Er haßte sprechende Uhren. Er tat, als ob er nichts hörte und ging zum Tisch, um das rote Kästchen zu untersuchen. Er drehte den kleinen Schlüssel und hob den Deckel. Husch! Da sprang ein Stehaufmännchen heraus, ein Wicht mit einem langen Hals, und versetzte Michel zwei kräftige Ohrfeigen.

Der Junge fiel vor Schreck auf den Boden und heulte. Der rote Wicht grinste nur dazu und schlug Michel noch einmal auf den Kopf. Der Knabe stand rasch auf und lief weinend in einen Winkel. Er setzte sich neben das raschelnde Paket. Als er das dauernde Knistern hörte, überfiel ihn wieder die Neugierde.

Vorsichtig öffnete er es, zuerst nur ganz wenig, um einen Blick hineinzuwerfen. O Schreck! Was glaubt ihr, daß der Papiersack enthielt? Lebende Krabben! Schnell versuchte Michel den Sack wieder zu schließen, doch vergeblich! Eine große Krabbe streckte ihre Scheren heraus und zwickte Michel in die Hand. Der kleine Junge schrie auf und lief davon. Als er beim Tisch vorüber kam, beugte sich der Wicht aus dem Kästchen und versetzte Michel einen Schlag auf die Schulter. Die alte Uhr redete unaufhörlich:

> „Ticktack, tacktick,
> Michel, du bist neugierig,
> Ticktack, tacktick,
> Michel, du bist neugierig.“

Michel rannte zum Herd und setzte sich auf einen Stuhl, um etwas Atem zu schöpfen, denn er keuchte vor Furcht und Schrecken.

Mein Gott, ein Sack mit Krabben, eine ekelhafte, sprechende Uhr und ein lebender Stehauf! Am liebsten wäre Michel auf und davon gelaufen, bevor noch etwas Ärgeres geschah!

Er wollte schon gehen, da fiel sein Blick auf den langen Rührlöffel. Wieder packte den Jungen die Neugierde. Er ergriff den Löffel und begann eifrig zu rühren.

Krach! Der Topf kippte um und die heiße Flüssigkeit ergoß sich auf den Boden. Michel rannte angsterfüllt zur Tür, aber o Schreck! Sie ließ sich nicht öffnen. Er rüttelte und rüttelte an der Klinke, aber die Tür blieb fest geschlossen. Unterdessen erreichte die braune Flüssigkeit, die sich ununterbrochen aus dem Topf ergoß, Michels Füße. Der Junge schaute verblüfft auf den Topf. Wieso konnte da so viel herausfließen? Voll Über-

raschung bemerkte er, daß immer mehr braunes, suppen-
ähnliches Wasser aus dem verwünschten Topf strömte.

„Das ist ein Zaubertopf!" stöhnte Michel. „Er
gehört bestimmt einem Hexenmeister. Wie kann ich nur
dieser gräßlichen Überschwemmung ein Ende machen?"

„Halt ein! Halt ein! Halt ein!" schrie Michel aus
Leibeskräften.

Aber alles half nichts. Immer neue Flüssigkeit
ergoß sich in das Zimmer und bald stieg sie Michel bis
zu den Knien. Plötzlich krochen alle Krabben aus dem
Papiersack und schwammen in dem suppenartigen Wasser herum. Eine zwickte Michel ins Knie, eine andere in
die Zehe. Welch gräßliches Abenteuer!

Dazu redete die verflixte Uhr ununterbrochen.
Der Stehauf lehnte sich aus dem Kästchen und schlug
nach Michel, wenn dieser auf der Flucht vor den Krabben
dem Tisch zu nahe kam. Das Wasser reichte dem Jungen
schon bis zu den Hüften. Die Krabben schwammen ganz
aufgeregt herum und zwickten Michel, wo sie ihn nur
erwischen konnten. Der Stehauf wurde samt dem Kästchen vom Tisch heruntergeschwemmt und ruderte mit

den Händen zu Michel hin. Dann ging es klitsch, klatsch! und der arme Michel bekam eine tüchtige Tracht Prügel!

„Ticktack, tacktick,
Michel, du bist neugierig,
Ticktack, tacktick,
Michel, du bist neugierig."

ertönte es aus der Ecke. Die alte Uhr schnarrte, als ob sie ihn auslachen wollte.

Michel bebte vor Schrecken. Was sollte er tun? Würde die braune Suppe ihm bis zum Hals steigen? Sollte er hier ertrinken? Er konnte nicht ordentlich schwimmen. O weh! Wieder biß ihn eine Krabbe ins Bein. Au!! Der Stehauf versetzte ihm einen Schlag auf das linke Ohr.

Michel begann zu weinen. Warum hatte er seine Nase in alles hineinzustecken? Wäre doch das nur ein Traum! Aber leider war es Wirklichkeit.

„Ich wünschte, ich träumte!" schluchzte Michel.

Der arme Junge wußte gar nicht, daß er sich in der Hütte eines Hexenmeisters befand, wo jeder ausgesprochene Wunsch in Erfüllung ging. Daher erfüllte sich Michels Wunsch sogleich und das Abenteuer wurde zum Traum. Michel hörte plötzlich die Stimme seiner Mutter rufen: „Michel, Michel, aufstehen!"

Er aber kämpfte noch immer mit sich und schrie: „Hier bin ich, Mutter, hier, mach die Tür auf, komm herein und rette mich!" Bei diesen Worten reichte ihm das Wasser gerade bis zur Nase und er schloß die Augen. Eine Krabbe zwickte ihn und er hörte die Uhr: „Ticktack, ticktack." Er schloß die Augen auf und – welch ein Wun-

der! Er lag in seinem Bett; die Mutter beugte sich über ihn und kniff ihn liebevoll in seine kleine, volle Wange „Du träumst ja noch", meinte sie freundlich.

„Wo ist die Hütte?" Michel blickte suchend umher. „Wo ist die schreckliche Uhr? Und wo ist...?"

„Das hat dir alles geträumt", beruhigte Mutter.

Michel erzählte seiner Mutter alles. Sie hörte aufmerksam zu und lachte: „Du hättest gestern nicht so viel von den Krabben essen sollen. Davon hast du so schwer geträumt!"

„Aber mein Erlebnis war ja gar kein Traum, sondern Wirklichkeit. Es wurde nur zum Traum, weil ich den Wunsch ausgesprochen habe, und in der Hütte des Hexenmeisters alle Wünsche in Erfüllung gehen. Aber von nun an will ich nicht mehr so neugierig sein und mich nicht mit Dingen befassen, die mich nichts angehen. Das nächste Mal könnte es vielleicht nicht so gut ausgehen."

Michel hat sich seine Neugierde abgewöhnt — aber wer weiß, auf wie lange.

Willis Zaubergürtel

Es war einmal ein netter kleiner Junge namens Willi, der nur einen Fehler hatte, immer wieder zu lügen. Seine Mutter versuchte, ihn davon abzubringen, aber alle Bemühungen blieben erfolglos.

„Lügen ist häßlich. Ich werde dich strafen müssen." Mit diesen Worten schickte die Mutter den Knaben abends immer zu Bett, wenn er wieder einmal gelogen hatte. Aber auch diese Drohung half nichts. Noch dazu erfand Willi ganz dumme Lügen. Wenn einer seiner Schulkameraden erzählte: „Ich habe heute Geburtstag, und meine Mutter hat mir eine silberne Uhr geschenkt", antwortete der kleine Lügner: „Ich hatte gestern Geburtstag und meine Mutter schenkte mir eine goldene Uhr."

„Wo ist sie denn?" bestürmten ihn seine Freunde.

„Gut versperrt in Vaters Geldschrank", erklärte Willi.

An der Geschichte war natürlich kein wahres Wort. Willi hatte erst in fünf Monaten Geburtstag und besaß überhaupt keine Uhr. Daraus seht ihr, wie dumm dieser Knabe war.

Als Willi sieben Jahre zählte, lief er eines Tages in den Wald hinaus. Er schlug einen Weg ein, den er bisher nie gegangen war, und kam bald in ein dunkles Dickicht. Nach kurzer Zeit traf er ein merkwürdiges Männlein, nicht größer als er selbst, in einem roten Gewand, mit einem spitzen Hut und spitzen Schuhen.

„Hör einmal, kleiner Bub!" rief der Zwerg. „Mir ist meine große, schwarze Katze ausgerissen. Hast du sie vielleicht gesehen? Wenn du mir sagen kannst, wohin sie gelaufen ist, will ich dir diese Tüte mit Süßigkeiten schenken."

Ihr könnt euch wohl denken, was Willi tat. Er erzählte eine seiner Lügen.

„Freilich habe ich die Katze gesehen. Sie lief diesen Weg hinauf."

„Ich danke dir bestens, mein Kind. Hier, nimm die Süßigkeiten, sie werden dir hoffentlich gut schmecken."

Willi ergriff die Tüte und blickte dem Männlein nach, das den Weg hinaufeilte, um die Katze wiederzufinden. Natürlich hatte Willi überhaupt keine Katze gesehen, aber das ließ ihn gleichgültig. Er war eben ein sehr schlimmer Bub. Er setzte sich ruhig nieder und kostete die Zuckerln, die ihm ausgezeichnet schmeckten. Als er gerade das letzte hinunterschluckte, kam der Zwerg aufgeregt zurückgelaufen.

„Ich kann sie nirgends finden", rief er.

Im gleichen Augenblick ertönte ein lautes Miau und siehe da – die Katze schaute aus dem Türchen einer alten Eiche heraus.

„Suchst du mich, Herr?" fragte sie. „Ich war den ganzen Tag zu Hause und habe für dich gewaschen. Hast du geglaubt, ich sei davongelaufen?"

„Freilich, denn ich sah dich nirgends und dachte schon, du wärest ausgerissen. Dieser kleine Knabe sagte, du wärest diesen Weg hinaufgelaufen."

„Dann log er", meinte die Katze.

„Ich gab ihm eine Tüte Süßigkeiten für seine Auskunft." Das Männlein runzelte die Stirn und blickte finster drein. Willi wagte kein Wort zu sprechen und wollte davonlaufen. Sogleich rannte ihm der Zwerg nach, ergriff ihn beim Arm und zog den Jungen zu dem Baum hin. „Du kommst jetzt mit mir. Ich werde dich für deine Lüge strafen."

Bevor Willi noch antworten konnte, sprang die Katze aus dem Baum heraus und packte den Knaben am anderen Arm. Im Nu zogen sie ihn durch die geheimnisvolle kleine Tür und schlossen diese mit einem Krach.

Willi sah sich um. Er befand sich in einem kleinen Zimmer.
Eine schmale Bank lief an allen vier Wänden entlang. In
einer Ecke führte eine Treppe nach unten. Das Männlein
zog Willi dorthin. Voll Furcht stieg der kleine Junge
hinunter. Nach ungefähr fünfzig Stufen kamen sie in
eine Werkstatt, wo viele Zwerge arbeiteten. Sie hielten
vor Überraschung inne, als sie Willi erblickten.

„Dieser Kerl hat mich angelogen", erzählte der
erste Zwerg mit ernster Miene.

„Strafe ihn, strafe ihn!" schrien alle.

„Mein Vater ist ein Polizist, und wenn ihr mir
etwas tut, so werde ich es ihm sagen und er wird euch
holen und euch alle ins Gefängnis werfen!" drohte Willi.

Das war natürlich auch eine faustdicke Lüge.
Sein Vater war kein Polizist, sondern ein Arzt. Willi
glaubte, die Männlein schrecken zu können und hoffte,
sie würden ihn laufen lassen. Damit hatte er sich aber

gründlich geirrt, denn die Zwerge kannten Willis Vater als Arzt. Als sie bemerkten, wie der Junge zu lügen verstand, schauten sie einander verwundert und sprachlos an. Willi hielt ihr Schweigen für Furcht und erzählte eine noch gröbere Lüge.

„Vorige Woche sperrte mein Vater hundert Menschen ein. Einige davon waren auch so kleine Leute wie ihr. Sie hatten Kinder gefangen. Hütet euch also vor mir! Gebt mir ein schönes Geschenk und laßt mich frei – dann werde ich meinem Vater nichts erzählen."

Die Männlein staunten immer mehr. Der Junge log ja unverschämt! Willi warf einen Blick auf ihre Arbeiten und sah schöne Dinge aus feinstem Leder: Röcke und Hüte, Peitschen und Stiefel, Gürtel und Hosenträger, alles sehr klein und äußerst schön ausgeführt.

Am besten gefiel ihm ein prächtiger Gürtel mit vielen Tierbildern. Löwen, Tiger, Elefanten, Bären, Giraffen und Känguruhs reihten sich zu einer langen Kette.

Noch nie hatte Willi ein solches Kunstwerk gesehen.

„Wenn ich doch den Gürtel haben könnte!" dachte der Knabe. „Schenkt mir diesen Gürtel und ich will meinem Vater nichts von euch verraten", schlug Willi den Zwergen vor.

„Das ist der Zaubergürtel der Wahrheit", warnte das erste Männlein lachend. „Du würdest deinen Wunsch bald bereuen, wenn wir dir den Gürtel schenkten."

„Warum denn?" wollte Willi wissen.

„Weil er den Träger straft, der lügt."

„Das glaube ich einfach nicht. Jetzt lügst du!"

„Wir Zwerge sprechen immer die Wahrheit", entgegnete das Männlein. „Nimm dir den Gürtel und trage ihn. Vergiß aber nicht, wir haben dich gewarnt."

Willi lachte höhnisch. Er glaubte noch immer, die Männlein fürchteten sich vor ihm. Er packte den Gürtel, rannte die Stufen hinauf und öffnete das Türchen im Baum. Im Nu war er draußen im Wald und eilte im Laufschritt nach Hause.

Am nächsten Morgen band sich Willi voll Stolz den Gürtel um und ging zur Schule. Wie werden die prachtvollen Tierbilder allen Schulkameraden in die Augen stechen! Wie werden ihn die Kinder beneiden!

„Ich werde ihnen natürlich nicht erzählen, wie ich zu dem Gürtel gekommen bin, sondern einfach sagen, daß er ein Geschenk meines Onkels aus Indien sei, weil ich immer so brav bin", beschloß Willi.

In der Schule bemerkten die Knaben und Mädchen sogleich den herrlichen Gürtel, denn Willi zog seinen Rock aus und lief in Hemdärmeln umher.

„Wo hast du denn den wundervollen Gürtel her? Laß ihn anschauen!" bestürmten ihn die Kinder.

Voll Stolz zeigte Willi das kostbare Stück und drehte sich immer wieder im Kreise, damit die Kameraden alle Bilder genau betrachten konnten.

„Ich habe einen Onkel in Indien. Er hat mir den Gürtel geschickt, weil ich besonders brav bin", log Willi.

Da geschah etwas vollkommen Unerwartetes. Der Gürtel zog sich plötzlich so fest zusammen, daß Willi kaum atmen konnte. Immer enger und enger wurde das verdammte Ding und Willi fürchtete, zerquetscht zu werden.

In seiner Angst erinnerte er sich an die Worte des Zwerges: es war der Gürtel der Wahrheit! Willi hoffte, der Zaubergürtel würde sich wieder lockern und rückte langsam mit der Wahrheit heraus. Nach und nach entspannte sich der Gürtel, und als Willi seine Geschichte beendet hatte, fühlte er sich nicht mehr beengt.

„Haha!" lachten die Kinder und freuten sich über das merkwürdige Zauberding. „Nun mußt du immer die Wahrheit sagen, sonst erdrückt dich der Gürtel und wir wissen gleich, daß du lügst."

„Ich werde ihn eben nicht tragen!" rief Willi zornig. Da läutete die Glocke und alle Kinder eilten in die Klasse. Willi war fest entschlossen, den Gürtel keinen Augenblick länger zu tragen. Er wollte ihn zu Hause sofort ablegen und wegwerfen. Als er nach der Schule sein Elternhaus betrat, kam ihm die Mutter bei der Tür entgegen und bemerkte den Gürtel.

„Wo hast du denn dieses herrliche Stück her?" fragte sie voll Interesse.

„Ein Knabe gab es mir für zwei Kugeln", log Willi, denn seine Mutter sollte die Wahrheit nicht erfahren. Sogleich aber zog sich der Gürtel fest zusammen, und der arme Junge begann zu keuchen. Zögernd gestand er die volle Wahrheit. Mit ernstem Gesicht hörte die Mutter zu.

„Diese Strafe hast du dir selbst zuzuschreiben", meinte sie. „Hätte ich in einem Geschäft einen solchen Gürtel gesehen, so hätte ich ihn sofort für dich gekauft. Ich werde dafür sorgen, daß du ihn immer trägst, damit du ein wahrheitsliebender Junge wirst. Dann werden dich alle Leute gern haben."

Willi weinte vergeblich. Täglich mußte er den Gürtel tragen. Nach ein, zwei Tagen wurde der Junge nachdenklich. Der Zaubergürtel hatte ihn in diesen zwei Tagen vielleicht fünfzigmal gequetscht und alle Kinder hatten Willi tüchtig ausgelacht.

„Ich wußte gar nicht, daß ich so viele Lügen erzählte", gestand er kleinlaut. „Es wundert mich nicht, daß mich alle Leute für schlecht halten. Das Lügen ist mir schon so zur Gewohnheit geworden, daß ich gar nicht mehr überlege, was ich sage. Von morgen an will ich immer zuerst denken und dann reden."

Gesagt, getan. Willi vergaß an diesem Tag seinen Vorsatz nur zweimal. Er errötete mitten in seiner lügenhaften Erzählung, weil ihn der Gürtel zu quetschen begann. Sogleich kehrte er zur Wahrheit zurück und der Gürtel lockerte sich.

Am Abend dachte Willi ernstlich über seinen Fehler nach und schämte sich. Er versprach seiner Mutter, sich zu bessern, wollte aber den Gürtel nicht mehr tragen.

„Nein, du trägst ihn weiter!" befahl die Mutter. „Du wirst dir das Lügen bald ganz abgewöhnen, und der garstige Gürtel wird dann ein Schmuckstück sein, das jeder bewundert."

Willi trug also den Zaubergürtel weiter. Zuerst fiel es dem Knaben schwer, seine schlechte Gewohnheit aufzugeben. Aber der Gürtel warnte ihn immer. Mit der Zeit quetschte er Willi immer seltener. Bald vergaßen Willis Schulkameraden ganz auf die Zauberkraft des Gürtels und hätten das schöne Kleidungsstück selbst gern besessen.

Willi wurde zum aufrichtigsten Jungen der Schule. Da geschah eines Tages etwas Merkwürdiges. Der Zaubergürtel war verschwunden. Willi hatte ihn vor dem Schlafengehen abgelegt – und am nächsten Morgen war der Gürtel weg. Willi und seine Mutter suchten überall, aber alle Bemühungen waren vergeblich. Der Gürtel blieb verschwunden.

„Wahrscheinlich hat ihn der Zwerg zurückgeholt, weil er seinen Zweck erfüllt hat", vermutete Willis Mutter. „Ich möchte nur wissen, wer ihn jetzt trägt."

Sie konnten es nie erfahren. Aber ich hoffe nicht, daß du es bist.

DER „GROSSE" RECHENKÜNSTLER

$$1+1=2$$

HANS GEHT ZUR SCHULE,
      AUCH FRITZ KOMMT HERBEI,
ZUSAMMEN MARSCHIEREN DANN ALLE . . . .

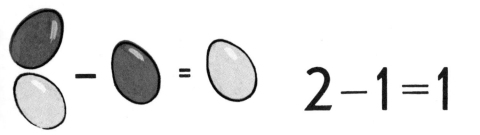

$$2-1=1$$

ICH HABE ZWEI HÄSCHEN,
         DU HAST ABER KEINS,
WENN ICH DIR EINS SCHENKE,
         DANN BLEIBT MIR NOCH . . .

$2+1=3$

HIER SCHAUKELN ZWEI KINDER,
NOCH EINS LÄUFT HERBEI,
AN DEM LUSTIGEN SPIEL ERFREUN SICH NUN . . . .

$$2 + 2 = 4$$

ICH HABE ZWEI PÜPPCHEN,

UND ZWEI GEHÖREN DIR,

UNS BEIDEN ZUSAMMEN GEHÖREN ALLE......

3 − 1 = 2

DREI SCHMETTERLINGE FLATTERN
IM WINDE VORBEI,
EINEN FÄNGT PETER, NUN SIND 'S
NUR MEHR . . . . . .

$$3 + 2 = 5$$

HIER STREITEN DREI SPATZEN MIT SPOTT
UND GESCHIMPF,
DIES FREUT NOCH ZWEI ANDRE,
NUN ZANKEN SICH....

$$7 - 3 = 4$$

SIEBEN MUNTERE ZWERGLEIN

WOHNEN IM WALDE HIER,

DREI LAUFEN IN IHR HÄUSLEIN,

DANN SIEHST DU NOCH . .

$5 - 2 = 3$

DA SCHWIMMEN FÜNF ENTCHEN
IM WASSER GANZ FREI,
ZWEI TAUCHEN UNTER, DANN SIEHST DU NOCH...

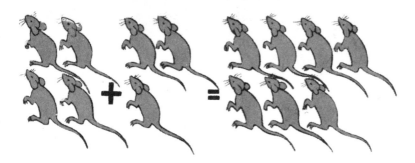

$$4 + 3 = 7$$

VIER KÄTZCHEN SIND IM KÖRBCHEN GEBLIEBEN,
DREI ROLLEN EIN BÄLLCHEN, IM GANZEN SIND'S . . . .

$$4 + 4 = 8$$

LIESCHEN SCHLÄFT UND WIRD VON ENGLEIN
BEWACHT,
VIER MUSIZIEREN, VIER SINGEN,
ZUSAMMEN SIND 'S....

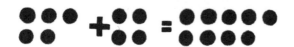

$5 + 4 = 9$

AM LUSTIGEN WÜRFELSPIEL
WIR UNS ERFREUN,
WIRFST DU FÜNF UND ICH VIER,
DANN ZÄHLEN WIR . . . .

$$8 - 2 = 6$$

ACHT KINDER TREFFEN DIE KNUSPERHEX,
ZWEI SPERRT SIE EIN, DA WEINEN DIE . . . .

$$5 + 5 = 10$$

ZUR KINDERJAUSE WIR HEUTE GEHN,
FÜNF BUBEN, FÜNF MÄDCHEN,
ZUSAMMEN SIND 'S . . . .

DER NACHTWÄCHTER

        BEGINNT SEINEN RUNDGANG UM ELF,

ST ER IM DORFE RUNDUM, SCHLÄGT DIE TURMUHR ..

INHALT